ENGLISH G

access 3

FOLIEN | BASISPAKET

Cornelsen

English G Access • Band 3 • Folien | Basispaket

Im Auftrag des Verlags herausgegeben von: Jörg Rademacher, Mannheim

Erarbeitet von: Katrin Häntzschel, Wiesa

Redaktion: Dr. Christiane Kallenbach (Projektleitung); Mailin Neubauer (verantwortliche Redakteurin)

Illustrationen: Christian Bartz, Berlin (Folie 15); Tobias Dahmen, Utrecht/NL (Folie 15);
Alex Hese, Berlin, www.alexhese.com (Folien 4, 9, 16, 17); Andy Peters, Norfolk (Folie 6)

Umschlaggestaltung und Layoutkonzept: kleiner & bold, Berlin; hawemannundmosch, Berlin; klein & halm, Berlin

Layout und technische Umsetzung: zweiband.media, Berlin

www.cornelsen.de
www.englishg.de/access

1. Auflage, 1. Druck 2015

Alle Drucke dieser Auflage sind inhaltlich unverändert und können im Unterricht nebeneinander verwendet werden.

Druck: H. Heenemann, Berlin

ISBN 978-3-06-033360-8

Inhalt gedruckt auf säurefreiem Papier aus nachhaltiger Forstwirtschaft.

Inhaltsverzeichnis

Hinweis: Die ausgegrauten Folien sind Bestandteil des Unterrichtsmanagers.

Vorwort

Liebe Lehrerin, lieber Lehrer!

Im dritten Folienband zu *English G Access* finden Sie Farbfolien sowie Erarbeitungsvorschläge für Ihren Unterricht. Die Folien sind in der Regel einem Unitteil zugeordnet. In den *Handreichungen für den Unterricht* zum Schülerbuch sowie in der Lehrerfassung des Schülerbuchs finden Sie Hinweise auf die Verortung der Folien.

LERNFELDER
English G Access weist in jeder Unit die relevanten Lernfelder aus, die sich die Schülerinnen und Schüler erarbeiten: Fertigkeiten, Methoden, Wortschatz, Strukturen, Themen. Jede Folie orientiert sich den Lernfeldern, die auch in der Lehrerfassung des Schülerbuches angegeben sind.

MOTIVIERENDE SPRECHANLÄSSE
Die Folien regen zum Wechsel der Arbeits- und Sozialform an und motivieren zu spontanen Äußerungen, denn sie sind offen gestaltet. Sie setzen Impulse, die das monologische und dialogische Sprechen anregen und fördern, darüber hinaus aber auch das Schreiben unterstützen. Analog zur sprachlichen Realität und zum mitteilungsbezogenen Sprachlernansatz des Schülerbuches führen sie oft zu mehr als nur einer Lösung. Die Schülerinnen und Schüler können ihre Vorkenntnisse aus dem bisherigen Englischunterricht einbringen.

HANDREICHUNGEN ZUR UNTERRICHTSGESTALTUNG
In den Handreichungen werden kommunikative und interaktive Erarbeitungsvorschläge für die einzelnen Folien gegeben. Sie sind immer einem Lernfeld zugeordnet und erleichtern eine zielorientierte Nutzung der Folien. Verschiedene Zugänge, z. B. über einen klassischen Dialog aber auch über kooperative Lernformen, gestalten die Erarbeitung abwechslungsreich und interessant.

Abschließend ein Tipp: Eventuelle Ergänzungen, Hilfen, Mustersätze oder Schülerbeiträge sollten Sie entweder mit abwaschbarem Folienstift oder auf einer über die Grundfolie gelegten leeren Folie notieren.

Viel Erfolg bei der Arbeit mit *English G Access | 3 Folien*!

Verwendete Abkürzungen:	L	der Lehrer / die Lehrerin
	S	der Schüler / die Schülerin oder die Schülerinnen und Schüler
	SB	Schülerbuch

LERNFELD

Ich kann von Erlebnissen erzählen, die zu bestimmten und unbestimmten Zeitpunkten in der Vergangenheit geschehen sind *(Simple past vs. Present perfect)*. Ich kann anderen Fragen über ihre Urlaubserlebnisse stellen und ihnen erzählen, was ich erlebt bzw. nicht erlebt habe.

ERARBEITUNG

Legen Sie die Folie auf und zeigen Sie beide Notizzettel über die Urlaube zweier Personen. Zunächst erkennen und wiederholen die S auf Ihre einleitende Frage *Which sights can you visit as a tourist in London?*, welche Sehenswürdigkeiten sie bei einem Londonaufenthalt besuchen können.

Teilen Sie nun die Klasse in zwei Gruppen A und B ein. Arbeitsteilig bereiten die S in der Rolle eines der beiden Besuchers (Partner A / B) ihren Teil des Dialogs vor, in dem sie über ihren Besuch in London berichten. Anhand der Bilder und Notizen auf der Folie erarbeitet jeder S entsprechend seiner Rolle Fragen an den Partner und Aussagen zu seinem Aufenthalt. Weisen Sie darauf hin, dass die S Aussagen und Fragen sowohl im *Simple past* als auch im *Present perfect* bilden sollen und die angegebenen Stichpunkte dabei eine Hilfe sind, die aber jederzeit mit ihren kreativen Ideen ergänzt werden können.
Fügen Sie an dieser Stelle wenn nötig eine Sicherungsphase ein, indem sie jeweils zwei S einer Gruppe (A / B) bitten, ihre vorbereiteten Dialogteile zu vergleichen und gegebenenfalls zu korrigieren bzw. zu ergänzen.

Setzen Sie nun mit der Methode *Double circle* fort: Die S der Gruppe A befinden sich im Innenkreis, die S der Gruppe B gehen in den Außenkreis. Entsprechend der Gesprächssituation können die S hier auch im Stehen arbeiten, da sie keine Notizen anfertigen müssen. Gleichzeitig sorgt dies für Bewegung und erleichtert das Wechseln zum nächsten Partner. Die S führen nun ihren Dialog, der nur teilweise vorbereitet ist, da sie auf die Fragen des Partners flexibel reagieren müssen. Partner A beginnt. Begrenzen Sie gegebenenfalls die Redezeit, sodass die S einen Anhaltspunkt haben, ob sie noch Ergänzungen vornehmen müssen oder eventuell kürzen sollten. Nach dieser ersten Dialogphase wechseln die S des Innenkreises (Gruppe A) zwei Plätze weiter im Uhrzeigersinn zum nächsten Partner B, der nun mit dem zweiten Dialog beginnt. In Abhängigkeit von den Ergebnissen dieser Partnerarbeitsphase können die S nach einem weiteren Wechsel noch ein drittes Mal den Dialog mit einem neuen Partner führen. Alternativ stellen die S hier schon im Plenum einige Dialoge vor. Dabei können sie sowohl mit Partnern aus der Arbeitsphase im *Double circle* als auch mit neuen Gesprächspartnern arbeiten.

A: *Hello, …*
B: *Hello, … In my last holidays I was in Great Britain. Have you ever been there?*
A: *Yes, I have. I went to London a year ago. Have you been to London yet?*
B: *Yes, I have. We went there in July. When did you go to London?*
A: *Well … Let me think. It was in April and it was still very cold.*
B: *Oh really? In July it was really hot! What was the most interesting thing you saw in London?*
A: *The best thing was the London Eye. The view over the Houses of Parliament was fantastic! Have you taken a ride on the London Eye?*
B: *No, we haven't. It was too crowded. We went to Big Ben instead.*
A: *I liked Big Ben. Have you heard that it's the name of the bell, not the tower?*
B: *No, I haven't. I didn't know that. We also visited the Tower of London. The Crown Jewels were brilliant.*
A: *We didn't visit the Tower. But I really liked the street market at Covent Garden. Have you ever watched any street artists?*
B: *Of course, I have. We also went there and watched them.*
A: *Did you try any British food when you were in London? I think fish & chips is the best.*
B: *Oh, I haven't tried them yet, but I liked the English breakfast! Bacon and eggs were yummy, but I didn't like the baked beans.*
A: *I liked my trip to London a lot. Did you enjoy your holiday there?*
B: *Oh yes, I did.*

WEITERFÜHRUNG

Bereiten Sie für die Partnerarbeit der S die Kopiervorlage mit den Wendungen auf Wortkarten vor, die die S verdeckt vor sich ablegen. Abwechselnd decken die S eine Karte auf und führen einen Minidialog.

S1: *Have you ever ridden a horse?*
S2: *No, I haven't.* (Wechsel) /
S2: *Yes, I have.*
S1: *When did you ride a horse?*
S2: *I rode it two years ago / when I was …* (Wechsel)

ride a horse	eat fish and chips	find money
travel to Italy	miss a bus	forget your homework
visit Berlin	climb a mountain	write a postcard to your grandparents
win a competition	sing in a choir	catch a fish
fly to another country	feed a wild animal	queue at a bus stop
invite friends to a party	go to a concert	perform in front of a big audience

LERNFELD

Ich kann anhand eines Bildes ausdrücken, seit wann jemand eine bestimmte Sache bereits macht (*Present perfect progressive*). Ich kann dazu auch Fragen stellen.

ERARBEITUNG

Bereiten Sie eine Textlupe vor. Schneiden Sie dafür aus einem Din-A3-Blatt ein rundes Loch mit einem Durchmesser von ca. 2 cm aus und decken Sie die Folie damit ab. Bewegen Sie die Textlupe nun ungeordnet über das Bild, sodass durch den Kreis verschiedene Ausschnitte sichtbar werden. Die S stellen anhand dieser Eindrücke Vermutungen an, um welche Situation es sich handelt.

Zeigen Sie anschließend das gesamte Bild; die Zeitangaben bleiben abgedeckt. Fordern Sie die S auf, nun die Situation kurz zu beschreiben.

Leiten Sie mit der Frage *How long has / have … been doing this?* dazu über, nachzudenken, wie lange diese Handlungen schon andauern, und rücken Sie damit die Verwendung des *Present perfect progressive* in den Mittelpunkt. Die S bilden zwei oder drei entsprechende Beispielsätze.

The man has been … for …
These people have been … since …

In lernschwächeren Gruppen oder in einer frühen Übungsphase halten Sie diese Sätze an der Tafel fest und verdeutlichen daran noch einmal die Bildung und Verwendung dieser Zeitform. Zu diesem Zeitpunkt können Sie den S auch die Zeitangaben auf der Folie zur Verfügung stellen.

Anschließend schreibt jeder S auf der Grundlage des Bildes vier weitere Sätze in sein Heft. In Partnerarbeit lesen sich die S dann abwechselnd ihre Sätze vor und korrigieren gegebenenfalls. Die Kontrolle der Sätze erfolgt im Plenum, indem die S analog zur Ausgangsfrage Fragen stellen:

How long has the man been waiting on the platform?
How long have the children been looking at the souvenirs?

Ein S, der diesen Satz gebildet hat, liest ihn entsprechend vor. Durch Zeigen auf die jeweilige Situation können Sie die S zur Bildung weiterer Fragen und Sätze auffordern.

This man on platform 9 has been waiting for the train for 30 minutes.
This family has been sitting in the café / the restaurant since they arrived at the station.
The girl has been eating a sandwich for 15 minutes.
The parents have been drinking a cup of tea for 10 minutes.
The boy has been listening to music for 5 minutes.
The woman at the table has been reading a book since she sat down there.
These people have been queuing at the ticket office since 9:30 am.
The man has been working at the train station since last year.
This man has been selling sandwiches at the station since 2009.
These two children have been looking at the souvenirs for a few minutes.
The man has been talking on the phone since he left the train.

WEITERFÜHRUNG

Greifen Sie die einleitende Frage *How long has / have … been doing this?* auf und bitten Sie die S, entsprechend dieses Musters fünf Frage zu ihrem Umfeld zu notieren.

How long have you been living in …?
How long have you been learning English / French / …?
How long have you been playing soccer / the guitar / …?

In einer *Milling around activity* stellen sich die S gegenseitig ihre Fragen und beantworten sie. Exemplarisch präsentieren die S einige Beispieldialoge im Plenum.

LERNFELD

Ich kann Berufe umschreiben und mit Hilfe des *Will-future* sagen, was ich und andere in einigen Jahren vermutlich tun werden.

ERARBEITUNG

Zeigen Sie die Bilder der Folie der Reihe nach. Die Schüler benennen die einzelnen Berufe und bilden einige Sätze zu diesem Berufsfeld. Eventuell erforderliche Hilfestellung können Sie mit den Fragen *What does this person do? Where/When does he/she work? Who/What does he/she work with?* geben.

1 painter • 2 cameraman • 3 dentist • 4 architect • 5 doctor • 6 policeman • 7 carpenter • 8 shop assistant • 9 musician • 10 scientist • 11 farmer • 12 hairdresser

Anschließend suchen sich die S einen der vorgestellten Berufe aus und schreiben unter der Überschrift *The job I will do in 15 years* einige Sätze unter Verwendung des *Will-future* auf. Dafür stellen Sie den S Wörterbücher zur Verfügung, damit sie individuellen Wortschatz nachschlagen und notfalls auch andere Berufe auswählen können. Die oben vorgeschlagenen Fragen dienen als Anhaltspunkt. Leistungsstärkere S versuchen, eine Begründung für ihre Wahl anzugeben.

I think I will be a painter in 15 years because I like painting in the Art Club very much. I will paint large pictures and I will show them in an art gallery in London. I will paint with lots of different colours. I will also need a lot of paper. I will work in our town in an office and I will probably be alone there …

In Partnerarbeit lesen sich die S im Anschluss ihre kleinen Texte vor und berichtigen gegebenenfalls. Führen Sie zur Kontrolle im Plenum eine *Hot chair activity* durch. Ein S kommt nach vorn, die anderen stellen ihm Ja-/Nein-Fragen zu Berufen. Dabei schließen Sie die direkte Frage nach einem Beruf aus, sie erfolgt erst nach einigen anderen Fragen.

S1: *Will you work in an office? / Will you use a pair of scissors? / Will you drive a tractor? / Will you help people? / …*
S2: *No, I won't.* (Das Spiel geht weiter, bis die Aktivität erraten ist.) /
Yes, I will. (Die S benennen den Beruf und ein anderer S nimmt den *Hot chair* ein.)

WEITERFÜHRUNG

Bereiten Sie mit Hilfe der Kopiervorlage Wortkarten mit den Berufsbezeichnungen für die Arbeit der S in Kleingruppen vor. In leistungsstärkeren Gruppen können Sie das Wortfeld auch mit anderen, den S bereits bekannten Berufen ergänzen; die Kopiervorlage bietet freie Felder für zusätzliche Begriffe.
Der Kartenstapel liegt verdeckt in der Mitte. Nun deckt ein S die oberste Karte auf und entscheidet, für welchen der Mitspieler dieser Beruf geeignet wäre. Er begründet seine Meinung.

I think … will be a good dentist. She likes to help people and she is interested in biology. She will work in her own office with some other people. She will be a good boss because she is always friendly.

Der angesprochene S nimmt zu den Aussagen kurz Stellung und setzt dann mit der nächsten Karte fort.

You are right. I will be a dentist in the future. I am very interested in people and how I can help them to have good teeth. / Oh, you are wrong. I won't be a dentist because I don't like biology. I am good at it, but I will be …

painter	cameraman	dentist
architect	doctor	policeman
carpenter	shop assistant	musician
scientist	farmer	hairdresser

LERNFELD

Ich kann Bildern Informationen über Wales entnehmen und damit Sätze über einen geplanten Ausflug als Empfehlung formulieren. Dabei verwende ich Bedingungssätze im *Conditional II*.

ERARBEITUNG

Die S stellen sich vor, dass sie die Möglichkeit haben, mit ihrer Klasse / Gruppe Wales zu besuchen. Zunächst wiederholen die S ihnen bekannte Sehenswürdigkeiten und Informationen über Wales. Diese notieren Sie stichpunktartig an der Tafel.
Zeigen Sie nun die Folie. In Vorbereitung auf die Reise sollen die S jetzt Vorschläge unterbreiten, was sie in Wales erleben wollen oder sagen, was sie nicht interessiert. Dazu überlegen sie sich anhand der Bilder drei Dinge, die sie in die Reise einbeziehen würden und zwei Dinge, die sie auf gar keinen Fall tun würden. Sie ergänzen die Satzanfänge *If I went to Wales, I would / would not …* und verwenden das *Conditional II.*
In lernschwächeren Gruppen schreiben Sie zunächst zwei bis drei Sätze an die Tafel, um die Bildung der *Conditional-II*-Sätze zu wiederholen. Anschließend arbeiten die S allein weiter. Sie können dabei – je nach Leistungsstand – Notizen anfertigen.

If I went to Wales, I would / would not …
… go to Cardiff.
… see the Eisteddfod Festival.
… climb Mount Snowdon by train.
… visit Caernarfon (Castle).
… watch a rugby match.
… learn Welsh in a language course.
… stay at a youth hostel.
… eat / try Welsh rarebit.

Danach erarbeiten die S in Partnerarbeit einen Dialog um die Frage *What would we like to do if we went to Wales?* Sie stellen sich ihre Vorschläge gegenseitig vor und einigen sich auf drei Dinge, die sie in ihre Reiseplanung aufnehmen würden. In die Diskussion bringen die S als Argumente auch die Sätze ein, in denen sie darüber sprechen, was sie nicht besuchen wollen. Zusätzlich beziehen lernstärkere S in den Dialog ein, wo sie übernachten würden und wie sie sich fortbewegen wollen.

S1: *What would we like to do if we went to Wales? If I went to Wales, I would go to Cardiff.*
S2: *Yes, I would go to Cardiff too, and I would also like to climb Mount Snowdon by train. What do you think?*
S1: *That's a great idea. If we climbed Mount Snowdon, I would enjoy the view from the top. If you were interested in culture, we could visit the Eisteddfod Festival.*
S2: *Oh, I'm sorry, but I'm not interested in Welsh music. But I would like to try Welsh food. If we found a good traditional restaurant, I would eat Welsh rarebit.*
S1: *Fantastic. I would try this Welsh dish too.*
…

In der abschließenden Diskussion im Plenum einigen sich die S auf fünf Ziele. Dabei beginnt ein Paar, die jeweils folgenden Paare müssen entsprechend auf das Gesagte reagieren, indem sie zustimmen oder ablehnen, um einen neuen Vorschlag einzubringen. Weisen Sie eventuell auf notwendige Redemittel hin (*I (don't) agree with you. / That's (not) a good idea. / I think we should(n't) … / It's better to …*).

WEITERFÜHRUNG

Die S formulieren eine Empfehlung für einen Besucher, der ihre Stadt / ihre Region besucht, und verwenden dabei *Conditional-II*-Sätze.
Alternativ geben Sie die Satzanfänge auf Lernkarten vor und lassen die S in Kleingruppen Vorschläge erarbeiten. Dabei sollten die S die Vorgaben durch (mindestens drei bis fünf) weitere Ideen ergänzen.

If a visitor came to my home town / my area, I would show him / her the city of …
If he / she was interested in history, I would visit the … museum with him / her.
I would also go climbing if he / she liked the mountains.
If he / she was a fan of football / basketball / …, I would watch a match with him / her.
If he / she liked music, I would go to a concert.
…

LERNFELD

Ich kann verschiedene Eindrücke von einem mir neuen Ort aufnehmen und darüber schreiben bzw. sprechen. Dabei benutze ich Relativsätze bzw. wenn möglich *Contact clauses.*

ERARBEITUNG

Beginnen Sie mit einem kurzen Spiel: *Who is it?* Mit Hilfe von Relativsätzen beschreiben die S ihre Mit-S oder berühmte Persönlichkeiten, aber auch Tiere, Lebensmittel oder sonstige Gegenstände. Die anderen S raten, um wen bzw. was es sich handelt.
Verdeutlichen Sie gegebenenfalls noch einmal die Regeln zur Bildung von Relativsätzen und *Contact clauses*, indem Sie einige Sätze an die Tafel schreiben.

Zeigen Sie anschließend das Bild. Die S wählen sechs Situationen aus und schreiben dazu mit Hilfe von Relativsätzen Fragen auf; eine davon sollte ein *Contact clause* sein.

L: *Choose six situations and ask questions with relative clauses. Use at least one contact clause.*

Zur Veranschaulichung können Sie ein Beispiel vorgeben.

Who is the person who is carrying the songbook?
Who made the costumes (which) the dancers are wearing?
What will the students do with the costumes which are lying on the floor?
Who will play the instruments which are on and in front of the stage?
What does the poster say (that) the students are hanging up?
Where is the boy who is practising his text?
…

In Partnerarbeit beantworten sich die S gegenseitig ihre Fragen.

The person who is carrying the songbook is the teacher.
The parents made the costumes (which) the dancers are wearing.
The students will wear the costumes which are lying on the floor now.
The students in the band / the musicians will play the instruments which are on and in front of the stage.
The poster (which) the students are hanging up says "The best Beatles musical ever!".
The boy who is practising his text is sitting on the stage.
…

Kontrollieren Sie die Sätze mit einem Kettenspiel im Plenum. Ein S stellt eine Frage und bestimmt denjenigen, der antwortet. Dieser setzt mit der nächsten Frage fort, bis die S möglichst viele Situationen erfragt haben bzw. alle S einmal an der Reihe waren.

WEITERFÜHRUNG

Die S beschreiben das Bild in monologischer Form. Sie verwenden dabei sowohl die Redemittel zur Bildbeschreibung als auch Relativsätze und *Contact clauses.* Geben Sie den S eine kurze Vorbereitungszeit, möglicherweise auch eine Mindestzahl an Aussagen. Anschließend tragen sich die S in Partnerarbeit gegenseitig ihre Beschreibungen vor. Alternativ können die S auch in Kleingruppen eine gemeinsame Beschreibung erarbeiten, bei der reihum jeder S einen Satz einbringt.

LERNFELD

Ich kann Texten und Bildern Informationen entnehmen und diese unter Verwendung des Passivs im *Simple present* und *Simple past* mit und ohne *by* an andere weitergeben.

ERARBEITUNG

Erklären Sie zunächst die Vorgehensweise: Die S arbeiten mit einem Partner. Anhand des Rasters suchen sich die S abwechselnd eine Kombination aus: A1, D3, B2 usw. Zum jeweiligen Bild formulieren sie einen Passivsatz. Ist er inhaltlich und grammatikalisch richtig, erhält der S einen Punkt und das Bild kann nicht noch einmal gewählt werden. Ist er falsch, können die S das Bild erneut wählen. Dann ist der Partner an der Reihe. Die S spielen so lange, bis sie zu allen Bildern Sätze formuliert haben oder die vorgegebene Zeit endet. Um den Schwierigkeitsgrad zu erhöhen, können Sie die Verben mit Post-its abkleben.

A1 *Anfield Stadium in Liverpool was opened in 1884.*
B1 *The Titanic was built in about 26 months.*
C1 *The telephone was invented by Alexander Graham Bell.*
D1 *The bikini was designed in 1946.*
A2 *The Beatles Story in Liverpool was founded in 1990.*
B2 *Scones are eaten with tea in the afternoon.*
C2 *The song "Penny Lane" was sung by the Beatles.*
D2 *The first car was driven in 1886.*
A3 *Harry Potter was written by Joanne K. Rowling.*
B3 *Paul McCartney was born in 1942.*
C3 *Chinese is spoken a lot in Chinatown.*[1]
D3 *Souvenirs are always bought on holiday trips by tourists.*

Ist eine weitere Festigung erforderlich, können die S im Anschluss an diese Quizrunde noch einige Sätze verschriftlichen. Um Dopplungen zu vermeiden, kann die vorgegebene Spielzeit so knapp bemessen sein, dass nicht alle Bilder bearbeitet werden können.
Anschließend kontrollieren Sie die Sätze im Plenum. Dabei wird die Fragestellung einbezogen: Ein S stellt eine Passivfrage, ein anderer antwortet.

When was Anfield Stadium opened?
In how many months was the Titanic built?
What was invented by Alexander Graham Bell?
…

WEITERFÜHRUNG

Die S erstellen ihre eigenen Quizfragen zu Dingen oder Personen aus ihrem Umfeld und spielen mit einem Partner.

When was your town / city founded?
When was your school opened?
When was the … Museum opened?
What is shown in the … Museum?
Which language is spoken by your neighbours / in …?
…

[1] 利物浦 [liwupʰu] Liverpool
唐人街 [tʰaŋɻəntɕjɛ] Chinatown

LERNFELD

Ich kann Menschen, besonders ihre Gefühle, anhand von Gesichtsausdruck, Körpersprache oder dem Umgang mit anderen Menschen mittels Bildern beschreiben.

ERARBEITUNG

Zeigen Sie die Folie für etwa 20 Sekunden und fragen Sie die S im Anschluss, an welche Motive und / oder Situationen sie sich erinnern können. Die S beschreiben diese kurz und benennen eventuell schon erste Gefühle, die für sie mit diesen Situationen verbunden sind.
Arbeiten Sie anschließend in Partnerarbeit weiter. Legen Sie nun die Folie erneut auf und geben Sie den S Zeit, die Bilder intensiv unter dem Gesichtspunkt zu betrachten, welche Situationen auf den Bildern dargestellt sind und welche Gefühle die S bei den abgebildeten Personen erkennen. Dabei konzentriert sich ein S (S1) auf die Situationen der oberen Reihe, der andere (S2) auf die der unteren.

1 curious • 2 excited • 3 surprised • 4 nervous • 5 lonely • 6 proud • 7 shy • 8 scared

In einem Dialog beschreiben die S im Wechsel die verschiedenen Bilder und benennen dabei jeweils die Gefühle der Person. Sie begründen ihre Aussagen mit Angaben zu Gesichtsausdruck und Körpersprache. Der andere S gibt einen kurzen zustimmenden oder ablehnenden Kommentar, bevor er eines seiner Bilder beschreibt.

S1: *Look at my first picture. This girl looks really happy and curious. She is happy because it's her birthday. I can see that in her face too, her eyes are very big and she is smiling a little. I can only see half of her face because she is hiding behind the door. She is not sure what to do next. But she is looking at all the presents in the room and so she is curious and wants to go in and open them to know what she'll get for her birthday.*
S2: *You are right, I think so too. Let's look at my first picture. Isn't this little girl really sad? She is watching the other girls who aren't playing with her. They are laughing and having fun. Maybe they're not letting her play with them. So she is sitting there and is really lonely. I can see that because she is looking down and isn't smiling.*
S1: ...

Anschließend stellen verschiedene S im Plenum jeweils das Bild aus der anderen Reihe vor, welches ihnen am besten gefällt.
Alternativ tragen verschiedene S ihre Dialoge (auch nur ausschnittsweise) vor.

Die Folie dient gleichzeitig als Vorbereitung auf *Viewing* auf SB-Seite 73 Nr. 2. In dieser Aufgabe lernen die S weitere Gefühle kennen.

WEITERFÜHRUNG

Die S suchen sich eine der Situationen aus und verfassen dazu eine Geschichte, in der möglichst viele Gefühle vorkommen.

Alternative:
Die S erweitern die Liste der Adjektive, die Gefühle bezeichnen: *happy / unhappy, sad, angry, bored, (not) sure, hungry, kind, shocked, strange, worried, ...*
Anschließend stellen sie ein Gefühl pantomimisch dar und die anderen erraten es.

LERNFELD

Ich kann über Dinge sprechen, die vor etwas anderem in der Vergangenheit geschehen sind (*Past perfect*) und unter Verwendung entsprechender *Linking words (when, after, before, because)* Eindrücke von einer Region, die durch Bilder dargestellt wird, als Urlaubsbericht formulieren.

ERARBEITUNG

Zeigen Sie die Folie. Zunächst beschreiben die S kurz, was zu sehen ist, bzw. was sie vermuten, wovon die Geschichte handeln könnte.

I think the pictures show a family on their holidays because I can see them on a plane and in front of a hotel. I think they are in Ireland because in one picture they are at the Giant's Causeway and in another picture they are in the Burren.

Anschließend stellen die S sich vor, dass sie mit ihrer Familie auf Rundreise durch Irland waren und nun einen kleinen Bericht an ihren englischen Freund in Form einer Email schreiben. Dabei berücksichtigen sie das *Past perfect* und entsprechende *Linking words.*
Leistungsstärkere S können ihren Text mit ergänzenden Informationen gestalten.

Hinweis: Zu jeder Situation auf der Folie gehören zwei Bilder; das obere zeigt, was zuerst passiert ist (*Past perfect*) und das untere, was anschließend geschah (*Simple past*).

Dear …,
Last summer we went on a trip to Ireland. Let me tell you about it.
After my family and I had flown to Dublin, we went to our hotel.
After we had had breakfast, we visited the National Leprechaun Museum.
When my dad had taken a picture of me on a giant chair, my sister found a pot of gold.
After we had visited St Patrick's Cathedral, my mother suggested that we go to a pub for lunch.
When the family had driven to Belfast, we learned everything about the Titanic at the Titanic Museum.
We walked around the Giant's Causeway because I had read the legend about the giant Finn McCool.
After my family had arrived at the Burren, we rode horses down to the beach.
Back at the hotel, I fell asleep after I had had a shower.
What did you do in your summer holidays?
Yours, Jamie

In Partnerarbeit vergleichen die S ihre Texte. Sie tauschen dazu die E-Mails aus und lesen sich wechselseitig die Sätze vor. Gegebenenfalls korrigieren sie diese.
Anschließend stellen die S einige Beispiele im Plenum vor.

WEITERFÜHRUNG

Die S spielen ein *Chain game*. Geben Sie einen Ausgangssatz vor, den die S jeweils fortsetzen. Dabei formen sie die im *Simple past* ausgedrückte Situation ins *Past perfect* um und ergänzen eine neue Situation im *Simple past.*

After I had come into the classroom, the bell rang.
After the bell had rung, the students went to their tables.
After the students had gone to their tables, …

LERNFELD

Ich kann mich unter Verwendung von *Reflexive pronouns* und *each other* darüber äußern, wie ich und andere Menschen soziale Netzwerke und technische Geräte zur Kommunikation nutzen.

ERARBEITUNG

Fragen Sie die S, ob und welche sozialen Netzwerke sie nutzen oder warum sie diese nicht verwenden. Zeigen Sie zunächst die linke Spalte der Folie. Die S betrachten die Situationen, die mögliche Anwendungen sozialer Netzwerke darstellen. Leiten Sie mit der Frage *What are these people doing at the moment?* die Arbeitsphase ein. Die S bilden mündlich im Plenum und unter Verwendung der *Reflexive pronouns* und *each other* Sätze zu den Darstellungen. In lernschwächeren Gruppen können Sie die zu verwendenen Verben als Hilfestellung vorgeben.

1 *Keira and Oliver are texting each other.*
2 *Tyler is taking a lot of photos of himself and posting them on Facebook.*
3 *Sally is watching videos on Youtube and is enjoying herself.*

An dieser Stelle können Sie mittels Tafelanschrieb der Beispiele noch einmal die Verwendung der *Reflexive pronouns* und *each other* erläutern.

Geben Sie nun die anderen beiden Spalten der Folie frei. Daraufhin formulieren die S analog zur vorangegangenen Arbeitsphase schriftlich Beispielsätze.
Anschließend vergleichen die S die Sätze zunächst mit einem Partner, bevor sie diese im Plenum vorlesen.

4 Theo and his best friend are talking to each other on their mobile phones.
5 Phil and his brother are looking at pictures of themselves on their computer / Facebook / their blog.
6 Julie is recording herself on her mobile phone / smartphone.
7 Liam and his parents are skyping with / are talking to each other on the computer.
8 Colin and Jenn are chatting with each other.
9 Harvey is googling himself.

WEITERFÜHRUNG

Anknüpfend an die Eingangssituation beschreiben die S unter Verwendung von *Reflexive pronouns* und *each other*, wie sie selbst und ihre Freunde / Familie soziale Netzwerke bzw. den Computer und andere Kommunikationsmittel nutzen.

Most of my friends have mobile phones. So my friends and I text each other messages every day. Sometimes I take a picture of myself and send it to my mum. We often phone each other. After our holidays we usually look at lots of pictures of ourselves. That's a lot of fun. My father always takes the pictures but he never takes pictures of himself. …

Sollten die S den Begriff *selfie* verwenden, können Sie an dieser Stelle kurz erklären, dass er von den *Reflexive pronouns* abgeleitet wird.

LERNFELD

Ich kann Wörter des Wortfeldes *Music and entertainment* verwenden, um anhand von Fotos einen gut strukturierten Text zu verfassen.
Ich kann verschiedene Strategien zum Schreiben nutzen: Ideen sammeln (Mindmap, Tabelle, 5 Ws), in Absätzen strukturieren (*Topic sentences*, ein Gedanke = ein Absatz, Einleitung / Hauptteil / Schluss) und eine sinnvolle Reihenfolge festlegen, verschiedene Adjektive, Zeitangaben, *Linking words* und *Time markers* verwenden sowie einen Entwurf überarbeiten.

ERARBEITUNG

Zeigen Sie die Folie. Die S suchen sich ein Bild aus und beschreiben es in Partnerarbeit so genau wie möglich. Dabei stellen sie Vermutungen darüber an, wo die Szene stattfindet und in welchen Kontext die Szene eingebettet ist. Anschließend stellen einige S ihre Bildbeschreibung im Plenum vor.

The first picture shows a young man who is playing the bagpipes. I think he is really concentrated. Maybe he is playing a Scottish song somewhere in Edinburgh or a Scottish town. The weather is very nice so he is playing outside in the street and some people are listening to him. Perhaps he is a student and is getting some money for his music.

Weisen Sie die S nun darauf hin, dass dies Szenen des Fringe Festivals in Schottland sind. Die S stellen sich vor, dass sie diesem einen Besuch abstatten. Während des Besuchs lesen sie von einem Fotowettbewerb unter dem Motto „Your best moments at the Fringe“ und entscheiden sich, daran teilzunehmen. Daher sichten sie ihre Fotosammlung, wählen drei Fotos aus und verfassen einen Text dazu.
Zunächst sammeln die S Ideen zu drei Bildern (z. B. in einer Mindmap oder einer Tabelle) und beantworten die 5 Ws stichpunktartig, sodass sie im Anschluss einen Bericht verfassen können. Darin beschreiben sie, wann und in welchen Situationen die Bilder aufgenommen wurden und warum sie ihnen gefallen.
Dabei berücksichtigen sie die Hinweise zum Verfassen eines guten Textes (*Writing course* auf SB-Seite 93).
Stellen Sie den S Wörterbücher zur Verfügung, damit sie selbstständig unbekannten Wortschatz nachschlagen können.

Dear organizers,
When I visited the Fringe Festival in Edinburgh I read about the photo competition. I took lots of photos and so I would like to take part with these pictures.
The first picture shows a young man who was playing the bagpipes in the street. We met him on the first day around lunchtime. As the weather was very nice, he could play outside. He was really concentrated when he played a Scottish song. I really liked his music so I threw some money into the hat in front of him. I like this picture very much because this young man is wearing a kilt and is playing a traditional instrument.
Later in the afternoon I took my second picture …

Anschließend tauschen die S ihre Texte mit einem Partner aus, der ein Feedback entsprechend den Hinweisen zum Verfassen eines Textes gibt. Dabei kann sich der S auf wenige Merkmale konzentrieren, die die S dann in Partnerarbeit besprechen, bevor sie die Texte überarbeiten.
Die S stellen einige Ergebnisse im Plenum vor.
Alternativ gestalten Sie einen *Gallery walk*, bei dem die Texte zum Lesen ausgelegt werden. Die S lesen exemplarisch einige Beispiele.

WEITERFÜHRUNG

Die S interviewen sich zu der Frage *Have you ever been at a festival?* und übernehmen dabei abwechselnd die Rolle des Fragenden und die des Interviewten. Haben sie noch nie ein Festival besucht, berichten sie über ein anderes Ereignis, das sie begeistert hat. Sie können als Impuls z. B. ein Stadtfest, ein Volksfest oder auch ein Schützenfest vorschlagen.
Anhand der 5 Ws *What?, When?, Where?, Who?, Why?* sowie *How?* bilden die S Fragen, die sie einem Mitschüler zu einem Festival stellen wollen. In Partnerarbeit stellen sich die S wechselseitig die Fragen und beantworten sie. Anschließend gehen zwei Paare zusammen und berichten einem der neuen Partner, was sie gehört haben. Einige Beispiele stellen die S im Plenum vor.